# DE LA DIFFAMATION

## ENVERS LES MORTS

PARIS

IMPRIMERIE BALITOUT, QUESTROY ET C°,

7, rue Baillif et rue de Valois, 18.

DE

# LA DIFFAMATION

## ENVERS LES MORTS

PAR M. BERTIN

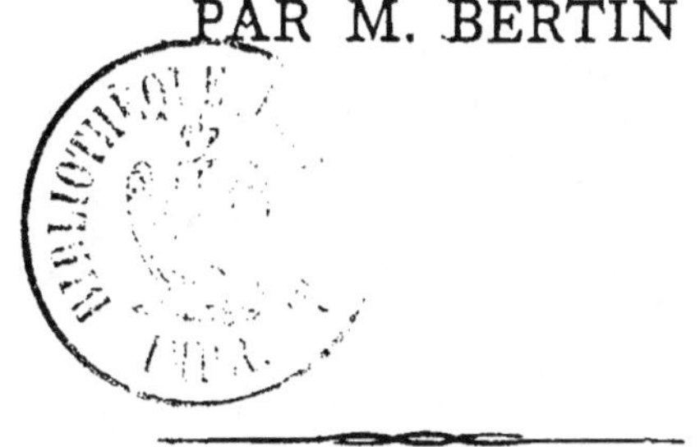

PARIS

DURAND, ÉDITEUR, RUE CUJAS, 7.

1867

La France est de tous les pays celui où le respect de la loi est le moins pratiqué. Surgit-il une question, chacun la résout souverainement et de son autorité privée, sans prendre la peine d'examiner, d'étudier et de demander à la loi des moyens de solution.

Le mal ne serait pas grand si cette manie législative affectait seulement ceux qui sont étrangers à l'étude des lois ; mais il devient considérable lorsque les jurisconsultes, avocats et magistrats, mettent en pratique les mêmes procédés et croyent pouvoir, sans le secours du législateur et à l'aide de leurs connaissances plus ou moins incomplètes du droit, donner des solutions exactes et juridiques.

Qui donc a consulté les lois de 1819 lorsque la question de la diffamation des morts est entrée dans le domaine de la discussion ? qui donc a étudié les textes de ces lois pour en pénétrer l'esprit ? qui donc, mettant à l'écart ses impressions personnelles, a voulu savoir loyalement, sincèrement, ce que la loi avait dit et voulu ?

Nous ne croyons pas être téméraire en disant qu'il en est bien peu qui, avant de prendre un parti dans la question, aient demandé à la loi ce qu'elle avait prescrit en pareil cas.

Chacun a examiné et apprécié, dans sa sagesse, les avantages et les inconvénients des poursuites pour diffamation des morts; le résultat de cet examen et de cette appréciation a été la solution de la question dans un sens ou dans l'autre. Lorsque la résolution a été ainsi prise, on à consulté la loi de 1819 pour s'en servir, non a titre de règle, mais d'argument et avec la pensée, si le texte résistait à l'accouplement, de le manipuler, à l'aide de l'interprétation, de manière à l'adapter au système admis. C'est ainsi que le mot général : *personne* qui, dans le langage légal, désigne tout aussi bien la personne morte que la personne vivante, a été, de par l'interprétation, déclaré applicable seulement aux personnes vivantes.

Nous sommes du petit nombre de ceux qui estiment que leurs lumières et leur sagesse sont insuffisantes pour leur donner les moyens de résoudre juridiquement les questions qui se produisent; que, pour arriver à ce résultat, une étude sérieuse et approfondie de la loi est indispensable; que d'ailleurs les lois du premier Empire et même de la Restauration, doivent être consultées, non pas seulement au point de vue de l'application juridique, mais comme œuvre de droit et de raison, parce qu'elles sont émanées d'hommes éminents par la science des lois et des besoins sociaux; parceque ces hommes, comprenant l'importance et la gravité de la mission qui leur était donnée, ont sérieusement et patiemment étudié les questions qui leur étaient soumises; parce que, avant de prendre leurs résolutions, ils ont consulté non-seulement les théoriciens du droit mais aussi les praticiens dont les conseils et l'expérience ne doivent pas être négligés.

C'est en nous plaçant à ce point de vue que nous avons, en 1860 et immédiatement après l'arrêt rendu par la première Chambre de la Cour de Paris, dans l'affaire Dupanloup, examiné la question de savoir si la loi du 17 mai 1819 était applicable à la diffamation des morts; c'est à l'aide du texte de l'art. 13 de cette loi, combiné avec celui de l'art. 5 de la loi du 26 mai 1819, que nous avons recherché la volonté du législateur et la solution de la question.

Après un examen long et consciencieux nous sommes arrivés à cette conclusion que la loi de 1819 était applicable à la diffamation des morts.

Dans le *Droit* des 26 et 27 avril 1860 nous avons exposé les motifs de notre opinion.

Sur le pourvoi formé postérieurement, dans l'intérêt de la loi, par M. le garde des sceaux, il est intervenu un arrêt de la Chambre criminelle de la Cour de Cassation qui, après le rapport de M. le conseiller Plougoulm, et sur les conclusions conformes de M. le procureur général Dupin, a cassé l'arrêt de la Cour de Paris, qui avait déclaré la loi de 1819 inapplicable à la diffamation des morts.

La question a été de nouveau soulevée en 1865. un jugement du Tribunal de Fougères, confirmé par la Cour impériale de Rennes, a décidé, contrairement à la doctrine consacrée par la Cour de Cassation, que la diffamation des morts ne constituait pas le délit prévu et puni par la loi de 1819.

La Chambre criminelle de la Cour de Cassation, persistant dans sa jurisprudence, a annulé l'arrêt de la Cour de Rennes et renvoyé l'affaire devant la Cour d'Angers, qui a statué dans les mêmes termes que la Cour de Rennes.

Un pourvoi ayant été formé contre cet arrêt par M. le procureur général d'Angers, les Chambres réunies de la Cour de Cassation seront prochainement appelées à statuer sur la grave et importante question de l'application de la loi de 1819 à la diffamation envers les morts.

Fortifié par les documents qui se sont produits depuis 1860, dans l'opinion que nous avions émise à cette époque, nous avons publié de nouvelles observations sur la question dans le *Droit* des 30 et 31 janvier et 1er février 1867.

Il nous a paru utile de réunir en brochure nos articles de 1860 et de 1867 pour éviter des recherches à ceux qui voudraient consulter ce travail.

# DE LA DIFFAMATION

## ENVERS LES MORTS

### § I

La diffamation envers les morts ne doit-elle et ne peut-elle donner lieu à aucune poursuite devant les Tribunaux de répression?

Cette grave question s'est produite récemment dans un procès qui a vivement préoccupé l'attention publique : elle a divisé les meilleurs esprits et singulièrement passionné les conversations.

Comme il arrive trop souvent, les préférences pour l'une ou l'autre des parties en cause, les opinions politiques et religieuses ont exercé une grande influence sur la solution que chacun a cru devoir donner à cette question, comme si le droit pouvait varier selon les circonstances et subir les fluctuations des sympathies, des antipathies, des idées, des sentiments et de l'opinion publique, qui souvent fait de l'erreur de la veille la vérité du lendemain. Le droit ne se prête pas à ces transformations de costume et de langage; les intérêts et les passions qui s'agitent autour de lui sont impuissants sur ce juge qui, dans sa majestueuse impassibilité, enseigne à tous ce qui est juste et vrai.

C'est en nous plaçant au point de vue du droit ainsi envisagé, et en examinant la question en elle-même, abstraction faite des circonstances et des personnes à l'occasion desquelles elle s'est produite, que nous allons rechercher la solution conforme aux principes et à la loi.

Les législations d'Athènes et de Rome donnaien au fils le droit de demander et d'obtenir justice de l'outrage adressé à la mémoire de son père. Il en était ainsi, dit-on, sous l'empire du paganisme qui avait fait du respect de la mémoire des morts un dogme religieux et social; mais le christianisme, qui se préoccupe exclusivement de l'âme et nullement des intérêts terrestres, a remplacé le culte du souvenir des morts par le principe de l'indifférence pour leur mémoire. Le législateur moderne a consacré ce principe en n'accordant sa protection qu'aux vivants et en livrant en pâture à quiconque la réputation et l'honneur de ceux qui ont cessé de vivre. Cette ingénieuse explication appartient à M. Chassan, et personne, nous le croyons, ne lui en disputera la paternité.

La religion catholique, qui nous enseigne d'une manière admirable nos devoirs, aurait-elle commis l'impiété dont on l'accuse? Aurait-elle laissé sans appui et sans défense la réputation et l'honneur de ceux qui ne sont plus? aurait-elle ainsi méconnu, elle qui sait si bien protéger, défendre et développer les bons et honorables sentiments, ce qu'il y a de plus intime, de plus vivace, de plus sacré au cœur de l'homme?

Ceux qui ont ainsi calomnié la religion catholique ont oublié que l'un des commandements de Dieu est « tes père et mère honoreras, afin de vivre longuement. » Le précepte divin est absolu; les enfants doivent honorer leur père et mère aussi bien après leur mort que pendant leur vie. Comment concilier ce précepte avec l'indifférence pour la mémoire des morts? Le fils honorerait-il ses père et mère s'il restait impassible devant l'offense et l'outrage adressés à leur mémoire?

On s'est donc étrangement trompé en imputant à la

religion du Christ la méconnaissance d'un droit qui a sa base dans la conscience de tous; bien mieux que n'avait pu le faire la religion de Jupiter, de Mars et de Vénus, elle a fortifié, exalté le sentiment du respect et de la vénération pour la mémoire des morts, et consacré ce sentiment en en faisant l'un des principaux devoirs du chrétien.

M. Marchangy avait raison de dire en 1823 que la théorie de l'indifférence pour la mémoire des morts était contraire à la dignité de l'homme et à la foi du chrétien; que le matérialisme seul avait pu inventer une pareille doctrine.

Mais, dit-on, comment concilier l'action en diffamation envers les morts avec les droits et les franchises de l'histoire? L'historien ne pourra donc plus, sans s'exposer à une condamnation correctionnelle, raconter et encore moins apprécier les faits que tous ont intérêt à connaître; les représentants de Néron et de Tibère auraient donc le droit de poursuivre comme diffamateurs les historiens qui auront signalé et flétri les crimes de ces monstres?

Nous serions curieux de voir ceux qui considèrent cet argument comme décisif aux prises avec une bonne calomnie dirigée contre l'un de ceux dont ils chérissent et vénèrent la mémoire. Si leur père, leur mère, leur sœur, leur femme ou leurs enfants avaient été odieusement diffamés pour donner satisfaction à un sentiment de vengeance personnelle ou pour amuser les loisirs d'une petite ville; si, obéissant au plus impérieux, au plus sacré des devoirs, ils allaient prendre au collet et traînaient devant le Tribunal correctionnel le misérable qui a indignement et mensongèrement attaqué l'honneur et la vertu de ceux que la mort seule aurait dû protéger contre de pareilles attaques, nous voudrions bien savoir s'ils se déclareraient désarmés par la défense du prévenu qui leur dirait : J'ai écrit et fait imprimer que votre père était un voleur, votre mère une Messaline; je n'entre pas dans l'examen de la question de savoir si j'ai eu tort ou raison dé dire tout cela, je vous oppose une fin de non-recevoir. Ce n'est pas de leur vivant, mais après leur mort, que j'ai diffamé votre père, votre mère : aucune plainte ne peut émaner d'eux. Quant à vous, vous n'avez pas d'action, parce que votre action est inconciliable avec les droits de l'histoire, et que, si elle était admise, on ne pourrait plus raconter la vie et les crimes de Néron et de Tibère.

Nous ne croyons pas nous tromper en disant que l'argument fondé sur les droits de l'histoire perdrait beaucoup de son importance aux yeux du fils, si gravement atteint dans ses affections les plus chères, les plus respectables, et qu'il trouverait sans doute de mauvais goût cette éternelle facétie dont les noms de Tibère et de Néron font les frais.

Les droits de l'histoire! on dirait qu'ils datent du dixneuvième siècle. Mais ces droits sont de tous les temps et de tous les lieux. L'antiquité les a reconnus et consacrés, comme elle a reconnu et consacré l'obligation de respecter la mémoire des morts et le droit de demander justice des infractions à ce devoir. L'inconciliabilité entre l'action en diffamation envers les morts et les droits de l'histoire est donc une chimère, puisqu'à Rome et à Athènes cette action et ces droits étaient simultanément admis et consacrés.

L'historien qui remplit une mission d'intérêt public a incontestablement le droit de raconter les faits et de les apprécier avec une indépendance et une liberté entière; aucune crainte, aucune préoccupation de procès, soit correctionnels, soit civils, ne doit le troubler dans l'accomplissement de l'œuvre qu'il a entreprise, car il a le droit et le devoir de tout dire et de tout apprécier; il a même le droit d'être passionné, injuste dans ses appréciations, sans que personne ait à lui demander compte de ce qu'il a écrit. Il est invulnérable et inattaquable sur le terrain de l'histoire, c'est-à-dire lorsqu'il a loyalement et sincèrement raconté les faits; mais s'il quitte ce terrain pour aller moissonner dans les champs de la calom-

nie, de la diffamation, et si, sous prétexte d'histoire, i
invente des faits, des pièces, des documents, ou les dénature méchamment et dans l'intention de nuire et de
satisfaire une vengeance personnelle, alors les droits et
les franchises de l'histoire ne protégeront plus celui qui
n'est pas un historien, mais un calomniateur que la
police correctionnelle réclame et qui y sera condamné
aux applaudissements de tous ceux qui veulent pour
l'histoire toutes les libertés, moins celle de la calomnie.

Ainsi que les partisans des franchises de l'histoire se
rassurent. L'admissibilité de l'action en diffamation envers les morts n'est pas exclusive des droits de l'histoire.
Les historiens pourront, comme par le passé, non-seulement raconter les crimes de Tibère et de Néron, mais
tous les faits historiques, sans en excepter un seul; ils
auront aussi le droit d'apprécier et de qualifier ces faits
ainsi qu'il leur conviendra, sans avoir à redouter la
police correctionnelle. Les calomniateurs, c'est-à-dire
ceux qui inventeront ou dénatureront les faits et les
pièces méchamment, avec intention de nuire et pour
satisfaire des rancunes et des vengeances personnelles,
seront seuls justiciables des Tribunaux.

L'histoire a été de tout temps et partout considérée
comme en dehors des dispositions légales relatives à la
diffamation. Pourquoi? Parce que les lois relatives à la
diffamation donnent pour base à l'action l'intention
mauvaise, la volonté de nuire et de porter préjudice.
L'historien qui raconte les faits anciens ou contempo-
rains, qui qualifie et apprécie ces faits, ne doit pas être
supposé agir dans un esprit de dénigrement et de mal-
veillance. Il use d'un droit et accomplit un devoir en
portant à la connaissance de tous ce que tous ont droit
et intérêt de connaître; il peut, dans la narration des
faits, dans leur appréciation, blesser certaines suscepti-
bilités; mais il est à l'abri de toute attaque, quelle que
soit la gravité des faits et des appréciations, pourvu qu'il
soit sincère et qu'il ne détruise pas par des suppositions
ou des falsifications de faits la présomption qui existe en

sa faveur, qu'il a écrit pour rendre hommage à la vérité et éclairer l'opinion publique.

La distinction que nous venons d'établir entre l'historien et le calomniateur n'existe pas seulement, alors qu'il s'agit de la narration de faits qui se rattachent directement ou indirectement aux événements généraux d'une nation.

Les journaux judiciaires n'existent qu'à la condition de profiter des immunités de l'histoire ; en effet, chaque jour, par leurs comptes-rendus des audiences des Cours d'assises et des Tribunaux correctionnels, ils portent bien certainement atteinte à l'honneur et à la considération de ceux qui sont traduits devant les Tribunaux de répression, et cependant il n'est pas encore venu à la pensée de personne de les traduire en police correctionnelle pour avoir raconté les méfaits des accusés et des prévenus, signalé leurs condamnations et raconté les arrestations pour crimes ou délits.

Les journaux judiciaires ne sont pas poursuivis et ne peuvent pas l'être, parce que, dans ces publications l'élément essentiel du délit de diffamation, l'intention mauvaise, la volonté de porter préjudice et de nuire manque, et que par leurs comptes-rendus des audiences et des arrestations, ils se bornent à faire de l'histoire judiciaire; mais si les journaux désertaient leur mission de narrateurs exacts et sincères, pour entrer dans la voie de l'attaque et de la diffamation ; si intentionnellement ils publiaient des pièces fausses ou altérées, dans le but d'attenter à l'honneur et à la réputation d'une des parties en cause ou d'un tiers, nul doute que la plainte en diffamation ne fût fondée et que l'éditeur responsable n'ait à répondre de la diffamation devant le tribunal correctionnel.

Il faut donc, pour être affranchie de l'action correctionnelle, que la publication soit véritablement historique. Si donc après avoir rendu compte des débats à la suite desquels le prévenu a été condamné, nous disions que l'individu qui vient de former une société ou d'ob-

tenir telle fonction, a été condamné à un an de prison
pour escroquerie, ainsi qu'on peut s'en convaincre en
lisant le compte-rendu de l'affaire dans notre numéro
du . . . , nous cesserions alors d'être des narrateurs
et des historiens judiciaires, pour prendre l'attitude et
le rôle d'agresseurs et de diffamateurs ; l'individu ainsi
attaqué aurait le droit de nous reprocher de n'avoir fait
la dernière publication que dans le seul but de lui nuire
et de lui porter préjudice.

Ainsi, l'exercice de l'action en diffamation envers les
morts ne porte aucune atteinte aux droits et aux franchises de l'historien, qui conserve la liberté la plus entière et la plus absolue dans la narration et l'appréciation des faits. Cette action ne peut atteindre que le calomniateur, alors qu'il s'est révélé tel par la création ou
la falsification de faits qu'il a méchamment inventés ou
dénaturés.

Nous sommes heureux de placer la distinction que
nous venons d'indiquer sous le puissant patronage de
l'arrêt remarquable que la première Chambre de la
Cour impériale de Paris a rendu le 17 avril 1858, dans
l'affaire Raguse, sous la présidence de M. le premier
président Delangle. Cette partie de l'arrêt est ainsi
conçue :

« Considérant que l'appelant oppose qu'en jugeant
selon sa conscience la conduite du prince Eugène, le rédacteur des Mémoires n'a fait qu'user des immunités de
l'histoire ; mais considérant que si le droit de l'histoire
est de juger avec une entière liberté les personnes et les
choses, que même s'il est consacré que si, lorsque ces-
sant d'être juge incorruptible, et manquant aux devoirs
d'impartialité, de probité, de vérité, qui sont l'âme de
l'histoire, l'écrivain distribue l'éloge ou le blâme au gré
de sa passion et de ses ressentiments, ses jugements,
quelque contraires qu'ils soient à la conscience publique,
ne relèvent que de l'opinion, c'est à la condition que le
mensonge n'entrera pas dans son œuvre, c'est-à-dire que

les faits seront rapportés avec exactitude, sans addition
qui les dénature, sans retranchement des circonstances
qui les expliquent et en fixent le caractère, de manière
enfin que le lecteur, soit qu'il s'agisse de louer, soit qu'il
s'agisse de blâmer, puisse apprécier personnellement et
prononcer; qu'autrement au lieu d'être le plus grave et
le plus utile des enseignements, l'histoire se transforme-
rait impunément en satire; que les calomnies les plus
odieuses y pourraient être accréditées et les meilleurs
citoyens voués au mépris.

» Qu'un tel système est moralement et légalement
impossible; que pour tout fait mensonger en quelque
ouvrage qu'il se soit glissé, histoire, mémoire ou
libelle, la réclamation est ouverte, et que, selon les cas,
les Tribunaux civils ou les *Tribunaux de répression* sont
chargés d'apprécier le dommage ou d'en régler la répa-
ration. »

Nous devons faire observer en terminant sur ce point
que l'argument fondé sur les droits de l'histoire aurait
pour conséquence, s'il était admis, non seulement de
créer l'impunité pour les historiens, mais pour tous les
diffamateurs quels qu'ils soient, et que les familles qui
ne sont justiciables à aucun titre de l'histoire pourraient
être impunément diffamées sous prétexte de la protection
de droits complètement étrangers à la réclamation portée devant la justice; ainsi votre père et votre mère n'ont
été mêlés à aucun des événements qui sont de nature à
attirer l'attention publique et l'étude de l'historien; leur
histoire est celle du foyer domestique où ils ont enseigné
et pratiqué la vertu; étrangers à ces luttes qui donnent
aux plus vaillants ou aux plus habiles les honneurs, les
dignités, la fortune, leur vie s'est modestement écoulée
au milieu d'un bonheur calme et sans nuages; l'un et
l'autre se sont endormis avec la conscience d'avoir
accompli tous leurs devoirs et laissé pour héritage à
leurs enfants l'exemple de leur vie et l'honneur de leur
mémoire.

Certes, l'histoire n'a pas à s'occuper de ces existences, qui n'ont demandé au monde que le droit de vivre ignorées; mais il peut se faire que cette abnégation, cet isolement aient surexcité la curiosité des oisifs qui, ne pouvant comprendre le renoncement aux satisfactions de la vanité et de l'orgueil, sont tourmentés du besoin de connaître les détails et les causes de cette vie claustrale. Que, dans cette disposition de certains esprits, survienne un individu qui a fait de la profession d'écrivain le plus ignoble des métiers ; qu'il explique par des motifs honteux cette réclusion volontaire, qu'il invente les fables les plus odieuses, en ayant soin, bien entendu, de ne comprendre dans ses diffamations que ceux qui sont morts. Celui-là, s'il est traduit devant le tribnnal correctionnel, pourra-t-il invoquer, comme fin de non-recevoir, les priviléges de l'historien? Oui, évidemment; si ces priviléges ont fait interdire d'une manière générale, absolue, l'action en diffamation envers les morts.

Tels sont les résultats auxquels sont fatalement conduits les partisans de l'impunité pour les diffamateurs des morts dans l'intérêt des droits de l'histoire. Ils sont de nature à faire douter de la réalité du droit qu'on invoque. Ce droit, qui ne serait autre que celui de calomnier impunément n'existe pas, ainsi que nous l'avons démontré.

## § II

La loi autorise-t-elle l'exercice de l'action en diffamation envers les morts?

L'arrêt de la Cour impériale de Paris du 17 mars 1860 a résolu cette question négativement, en se fondant, non pas sur certains faits, ou certaines circonstances spéciales de l'affaire, mais uniquement sur des motfs de droit. Cet arrêt a donc une importance considérable, puisqu'il en résulterait, si la solution qu'il a donnée était conforme aux principes et à la loi, que la diffamation intentionnellement dirigée contre la personne d'un mort ne pourrait, dans aucun cas, donner lieu à une action devant la justice répressive.

Est-il vrai que notre loi française soit ainsi faite, qu'un fils, qu'une fille ne puissent se constituer les défenseurs de leur patrimoine le plus précieux, le plus sacré, l'honneur de leur père? C'est ce que nous allons examiner.

Les auteurs qui ont attribué à la loi de 1819 la volonté de proscrire l'action en diffamation envers les morts ne sont pas d'accord sur les motifs qui auraient déterminé cette proscription. Suivant M. Chassan, le législateur, dans cette circonstance, aurait subi l'influence des idées chrétiennes; M. Grellet-Dumazeau prétend que la loi serait ainsi faite, parce qu'elle est matérialiste. « Pour la loi positive, dit-il, pour notre loi criminelle surtout qui, si elle n'est athée, est au moins matérialiste, qu'est-ce qu'un mort? Un corps inerte, une pincée de poussière. Qu'est la mémoire d'un mort? Rien. Où sera la personne diffamée ? Nulle part. A qui s'adressera la diffamation ? A rien. La matière du délit manque absolument. »

Nous ne savons pas si les créateurs de la loi de 1819 seraient très-flattés du commentaire que M. Grellet-Dumazeau donne de leur œuvre, et des motifs qu'il attribue à ceux qui l'ont faite ; ce que nous savons, c'est que la religion, la morale, la conscience publique protestent contre une pareille doctrine ; que la loi qui consacrerait cette théorie désolante et impie, que la mémoire d'un mort n'est rien, que la diffamation contre une personne morte ne peut s'adresser à rien, soulèverait l'indignation de ceux qui croient à la dignité humaine, au culte des souvenirs, au respect de la mémoire des morts et à l'immortalité de l'âme. Une pareille loi, si elle intervenait jamais, serait faite pour régir non des hommes, mais des brutes.

Nous ne sommes pas fâché que M. Grellet-Dumazeau ait eu le courage de représenter le matérialisme tel qu'il est ; le portrait est exact, ressemblant, et il est assez hideux pour en dégoûter tout le monde. Quant à nos lois, soit civiles, soit criminelles, elles ne sont, quoi qu'on en ait dit, ni athées, ni matérialistes ; faites pour des hommes qui croient qu'il y a en eux autre chose que la matière ; que le cadavre n'est pas tout ce qui leur reste de ceux qu'ils ont aimés et vénérés, elles auraient été à leur naissance frappées de stérilité si elles n'avaient pas donné satisfaction aux croyances des hommes qu'elles étaient destinées à régir. Ces lois, par cela seul qu'elles existent, qu'elles sont appliquées et respectées, protestent contre l'imputation de matérialisme qui leur a été adressée.

M. Chassan a écrit et d'autres, ainsi que M. Grellet-Dumazeau, ont répété après lui, que « la mémoire de ceux qui ne sont plus a cessé d'être l'objet de la sollicitude des législateurs modernes. »

On s'étonne que des jurisconsultes aient pu, en présence des dispositions formelles de la loi, produire une pareille hérésie.

La mémoire des morts a cessé d'être l'objet de la sollicitude des législateurs modernes ! Mais comment avez-vous pu oublier qu'aux termes des articles 957 et 1047 combinés du Code civil, les donations et les testaments peuvent être révoqués pour *injure grave faite* A LA MÉMOIRE DU DONATEUR OU DU TESTATEUR ?

Comment avez-vous oublié qu'au Code d'instruction criminelle il existe un article 447 ainsi conçu :

« Lorsqu'il y aura lieu de réviser une condamnation pour la cause exprimée en l'article 444 (lorsque la personne que l'on avait cru assassinée vit) et que cette condamnation aura été portée contre un individu mort depuis, la Cour de cassation créera *un curateur à sa mémoire,* avec lequel se fera l'instruction, *et qui exercera tous les droits du condamné.*

« Si, par le résultat de la nouvelle procédure, la première condamnation se trouve avoir été portée injustement, le nouvel arrêt *déchargera la mémoire du condamné* de l'accusation qui avait été portée contre lui. »

Les législateurs modernes répondent donc au reproche de matérialisme et d'indifférence pour la mémoire des morts par leurs lois civiles et criminelles qui, bien loin de consacrer le principe de l'indifférence pour la mémoire des morts, protègent et défendent cette mémoire par des dispositions précises et formelles.

Nous avions donc raison de dire que notre loi française n'était ni athée, ni matérialiste et qu'elle avait donné à l'homme les légitimes satisfactions qu'exigent sa croyance en Dieu et à l'immortalité de l'âme intimement unie au culte du souvenir de ceux qui ont vécu.

La Magistrature, s'inspirant, elle aussi, des nobles sentiments qui ont guidé le législateur, a consacré, dans une circonstance solennelle, le droit pour les héritiers de défendre la mémoire et l'honneur de leur auteur. La Cour d'assises de la Seine avait condamné par contumace un négociant à une peine afflictive et infamante pour banqueroute frauduleuse. Les héritiers de ce négociant se sont présentés devant la Cour d'ssises et ont demandé l'annulation de l'arrêt de condamnation, par le motif que leur auteur était mort alors que cet arrêt avait été prononcé.

Leur droit d'intervention avait été contesté ; on avait sontenu qu'ils n'étaient pas recevables à demander la nullité de la sentence ; mais la Cour, contrairement à cette prétention, déclara qu'ils avaient droit d'intervenir, et dans l'intérêt de la mémoire du condamné et aussi de ceux qui réclamaient en son nom, elle prononça l'annulation de l'arrêt de condamnation.

Un pourvoi fut formé contre cette décision qui a été maintenue par arrêt de la Cour de cassation en date du 25 octobre 1821.

C'est ainsi que la loi et la jurisprudence s'unissent pour rendre hommage à l'éternel principe du respect pour la mémoire des morts.

M. Chassan, abordant une autre considération, a écrit : « Les héritiers continuent la personne quant à la possession des biens matériels qu'ils ont recueillis ; mais cette fiction ne peut aller jusqu'à leur donner le droit de porter plainte au lieu et place de leur auteur. »

M. Chassan reconnaît que les héritiers *continuent la personne* quant aux biens que leurs auteurs ont laissés ; il aurait pu ajouter qu'ils continuent aussi leur personne relativement aux biens qui viennent à échoir après la mort de ceux-ci, et qu'ils ne recueillent que comme représentants de leur parent mort. Pourquoi refuse-t-il le droit de représentation lorsqu'il s'agit non des biens matériels, mais des biens plus précieux encore, de l'honneur et de la réputation ? Sur quel principe, sur quel texte de loi fonde-t-il sa distinction des biens matériels et des biens immatériels? Si le droit de représentation est utile, nécessaire, indispensable dans l'intérêt du mort aussi bien que de ses héritiers, c'est incontestablement dans le cas où, ce qui est contesté, attaqué, est ce qui compose la partie la plus importante, la plus essentielle du patrimoine du décédé, et cependant c'est précisément ce droit que M. Chassan conteste, et qu'il déclare inadmissible en vertu de la distinction qu'il lui a plu d'imaginer.

Quant à nous, nous n'hésitons pas à dire que le droit de représentation du mort par son héritier est général, absolu ; que ce droit, dont on ne méconnaît pas l'existence quant aux biens matériels, existe à bien plus forte raison, lorsqu'il s'agit de ces biens immatériels beaucoup plus importants pour des hommes de cœur qu'un tableau ou qu'une maison, et que les héritiers sont, de par la religion, la morale, le droit naturel, les principes des lois positives, institués les curateurs à la mémoire de ceux qui, en mourant, ont placé sous leur sauvegarde leur honneur.

Cette doctrine est celle que le remarquable arrêt Raguse a consacré. On y lit en effet : « Considérant que les dispositions de la loi qui soumettent les auteurs dommageables à réparer le tort que leur faute a causé ne se bornent pas dans leur application aux choses matérielles, qu'elles embrassent et protégent tout ce qui concerne la *dignité morale des familles ;* qu'il est absurde de supposer que les héritiers auxquels on ne dénierait pas une action en responsabilité s'il s'agissait de meubles ou d'immeubles dégradés par imprudence, puissent être éconduits quand ils veulent *préserver l'honneur de leur nom des atteintes de la calomnie et conserver sans altération cette partie si précieuse du patrimoine que leur a transmis leur auteur.* »

Ce n'est donc ni à l'influence du matérialisme ni à l'impossibilité du droit de représentation qu'on pourrait imputer la lacune que l'on dit exister dans la loi de 1819.

Mais, dit-on, il n'y a pas dans cette loi, ni dans aucune autre, de dispositions spéciales à la diffamation envers les morts ; donc, en l'absence de loi, il est impossible aux Tribunaux d'accueillir la plainte. On fait d'ailleurs remarquer que la question est posée sur le terrain du droit criminel et que là toute extension est sévèrement interdite.

. Le principe de la non-extension des dispositions pénales est trop salutaire pour que nous en contestions jamais la rigoureuse application. Mais s'agit-il de la création d'un délit nouveau ? En aucune manière. S'agit-il de placer le délit de diffamation envers les morts dans d'autres conditions que celles que la loi a déterminées ? Nullement. Il s'agit purement et simplement d'une question d'aptitude, de recevabilité, en un mot, de savoir si ceux qui ont porté la plainte sont ou non recevables à exercer l'action que leur auteur aurait eu incontestablement le droit de porter devant la justice.

C'est réduite à ces termes qu'il s'agit d'examiner cette question de recevabilité.

On a dit, on a répété, et beaucoup de personnes ont cru qu'il n'y avait pas de loi autorisant l'héritier à porter plainte contre celui qui avait diffamé son auteur.

Il n'y a pas de loi spéciale, cela est vrai ; mais la loi générale de la diffamation autorise-t-elle cette plainte ? A quoi bon, en effet, une loi spéciale à telle ou telle diffamation si la loi générale les embrasse toutes ?

Lors de la question de savoir si les faits de duel étaient prévus et réprimés par la loi pénale, on a dit également que le duel n'avait été ni prévu ni puni par la loi ; ce qui n'a pas empêché la Cour de cassation de décider que les faits de duel, qui n'avaient donné lieu à aucune disposition particulière de la loi pénale, tombaient cependant sous l'application des articles relatifs à l'assassinat ou aux blessures volontaires, et devaient être punis conformément à ces articles.

Il s'agit donc de rechercher si la loi de 1819, qui prévoit et punit toute espèce de diffamation, a entendu placer en dehors de son atteinte celui qui diffamerait des personnes mortes.

Oui, dit-on ; car l'article 13 définit ainsi la diffamation : « L'imputation d'un fait portant atteinte à l'honneur et à la considération de *la personne ;* » ce mot *per-*

*sonne,* dans le langage du droit et surtout du droit répressif, ne désigne jamais qu'une personne vivante ; pour admettre qu'il désignerait également un individu décédé ou la mémoire qu'il a laissée, il faudrait dépasser toutes les limites de l'interprétation des lois en matière criminelle. »

Nous sommes obligé de dire, avec la conscience de ne pas mériter le reproche de dépasser les limites de l'interprétation des lois criminelles, que, suivant nous, le mot *personne* s'applique tout aussi bien à une personne morte qu'à une personne vivante ; que nous ignorons sur quel principe, sur quel texte de loi on s'est fondé pour dire que le mot *personne* ne désigne jamais dans la loi, et surtout dans la loi pénale, qu'une personne vivante ; il suffit de lire les articles 444 et 447 du Code d'instruction criminelle pour se convaincre que le mot *personne* ou son synonyme *individu* sont alternativement employés par la loi pour désigner celui qui est mort ou qu'on a cru mort.

Les lois civiles et criminelles ne sont donc d'aucun secours pour l'interprétation restrictive que l'on veut donner à l'article 13 de la loi de 1819 ; qu'on nous permette même de dire qu'on altère et qu'on modifie la loi en y insérant un mot qu'elle n'y a pas mis ; elle parle d'une manière générale, absolue, de la diffamation *contre la personne ;* si elle avait voulu limiter à la personne vivante l'exercice de l'action, elle aurait manifesté ses intentions en inscrivant à la suite du mot personne, celui : *vivante ;* elle ne l'a pas fait. Nul, si ce n'est le législateur, ne peut placer ce mot dans la loi, qui reste avec son terme et son sens général embrassant toutes les diffamations.

Mais, a dit M. Chassan et a-t-on répété de confiance après lui, la loi de 1819 exige que la plainte en diffamation soit portée *par la personne diffamée.* Or, cette condition ne peut être remplie lorsque cette personne est morte, donc... Voyons la loi, et si elle est en effet telle qu'on l'annonce, il faudra bien reconnaître cette désolante vérité que la loi de 1819 a entendu interdire l'accès du prétoire aux actions en diffamation contre les morts. Quelle est la loi? La voici : « La poursuite n'aura lieu que sur.la plainte *de la partie qui se prétendra lésée.* » Nous voilà bien loin de la traduction qu'on a cru devoir faire de l'article 5 de la loi de 1819. Cet article n'exige pas la plainte du diffamé, ainsi qu'on l'a dit par erreur ; mais seulement de la partie qui se prendra lésée, ce qui est bien différent.

La loi n'exige donc pas l'intervention personnelle du diffamé, mais uniquement la justification, ou plutôt la simple allégation d'une lésion par celui qui porte plainte. Les expressions de la loi sont remarquables par leur généralité et leur élasticité. Le terme qui a dû se présenter le plus naturellement à la pensée du législateur a dû être précisément celui qu'on a substitué pour le besoin de la discussion à ces mots : Sur la plainte de la partie qui se prétend lésée; c'est précisément parce que le législateur n'a pas dit le diffamé ou la personne diffamée, parce qu'il a eu recours à une autre expression plus large, plus étendue, qu'on est autorisé à croire qu'il n'a pas voulu donner à la loi l'interprétation restrictive qu'on prétend lui attribuer.

Quoi qu'il en soit, il est certain que le législateur n'exige de celui qui porte plainte en diffamation que la preuve d'une lésion. Un fils, une fille sont-ils lésés par les diffamations, les calomnies, dirigées contre leur père? Inutile de discuter une pareille question.

Donc, ni l'art. 5, ni l'art. 13 de la loi du 17 mai 1819 n'interdisent aux héritiers la faculté de porter devant les Tribunaux de répression la plainte en diffamation dirigée contre celui qui a attaqué, outragé la personne de leur auteur. C'est pour eux un droit en même temps qu'un devoir, d'agir au nom et comme représentants de celui qui leur a laissé, en même temps que ses biens matériels, sa réputation et son honneur à défendre. La loi de 1819, loi générale pour toutes les diffamations et contre tous les diffamateurs, n'ayant, par aucune de ses dispositions, exclu la diffamation envers les morts et créé l'im-

2

punité au profit des diffamateurs, est applicable à ceux-ci.

Nous n'examinerons pas ce système bâtard qui, ainsi que le dit l'arrêt du 19 mars dernier, « à défaut de législation et en présence de l'extension toujours plus puissante des moyens de publication, permettrait aux Tribunaux de considérer quelquefois la diffamation de la mémoire d'un mort comme constituant un délit *lorsqu'elle semblerait* inspirée par l'intention de nuire à ses héritiers. »

Si les héritiers ont été personnellement diffamés, il est incontestable qu'ils ont le droit de porter plainte en leur nom; si c'est leur auteur seul qui a été attaqué même avec la volonté de leur nuire, ils pourront bien former en leur nom personnel une demande en dommages-intérêts devant les Tribunaux civils, mais ils seront inhabiles à intenter *en leur nom personnel* une action en diffamation, la diffamation étant étrangère à leur personne.

Il faut donc laisser de côté le terme moyen qui ne donne satisfaction ni à la morale, ni à la justice, ni à la loi qu'on violerait ainsi sous prétexte de la respecter.

La question véritablement juridique est celle de savoir si le fils, la fille, les héritiers ont le droit, dans l'état de notre législation criminelle, de demander et d'obtenir justice de la diffamation de leur auteur, non pas en leur nom personnel, mais comme représentant du diffamé; nous pensons fermement qu'ils ont ce droit et nous espérons que la Cour suprême sera appelée, dans l'intérêt de la loi, à statuer sur cette importante question.

Il est nécessaire, indispensable, que cette question soit souverainement résolue, et que les enfants sachent si c'est aux Tribunaux de répressions qu'ils doivent demander justice des diffamations, des calomnies dirigées contre leur père.

----

## § III

Nous ne croyons pas devoir reproduire les explications précédemment données ; au surplus, les épreuves diverses auxquelles cette question a été soumise ont eu pour résultat de restreindre la discussion et de la concentrer sur les seuls arguments qu'elle comporte. Ainsi l'objection que l'on avait cru trouver dans les droits et les franchises de l'histoire, et qui paraissait considérable au début de la controverse, s'est évanouie devant cette simple observation, que le délit de diffamation ne consiste pas seulement dans le fait de porter atteinte à l'honneur et à la considération d'une personne, mais qu'il faut, en outre, qu'au fait vienne se joindre la volonté de nuire et que ce soit méchamment, et dans le seul but de porter préjudice à autrui, que l'attaque se soit produite ; que l'historien n'a pas évidemment à redouter la loi du 17 mai 1819 lorsque, dans l'exercice de son droit et l'accomplissement de son devoir, il rend compte de faits qui portent atteinte à l'honneur et à la considération des personnes auxquelles ces faits sont imputés ; qu'il n'est et ne peut être un diffamateur lorsque sincèrement, loyalement, il raconte et apprécie des événements, des faits, qui concernent des personnes, soit mortes, soit *vivantes*.

M. Valette, professeur à la Faculté de Droit de Paris, rendant compte, dans le *Droit* des 26-27 décembre 1862, du Traité de M. Bonnier sur les preuves en droit civil

et en droit criminel, combat l'opinion de M. Bonnier
sur la question de la diffamation des morts, et répond
en ces termes à l'objection fondée sur les franchises
de l'histoire :

« Nous avouons que nous ne pouvons nous rendre au
motif que M. Bonnier paraît regarder comme décisif,
dans le sens de sa doctrine, à savoir la nécessité de maintenir intacts les droits de l'histoire; car l'histoire vérita-
ble, celle qui est écrite sérieusement et pour l'instruction
du public, nous paraît être, de sa nature, en dehors de
l'application possible de la loi de 1819. Suivant nous, il y
a là une immunité certaine et analogue à celle qui pro-
tége les comptes rendus des procès criminels ou civils,
dans les journaux judiciaires et dans les collections
d'arrêts.

« Si l'argument de notre savant collègue était fondé, il
prouverait trop, puisqu'il mènerait logiquement à dire
qu'il n'y a pas moyen d'écrire l'histoire *contemporaine*
« sans s'exposer aux peines de dix-huit mois de prison et
» de 3,000 fr. d'amende pour diffamation envers des
» fonctionnaires publics (loi du 17 mai 1819, art. 16). »
Assurément, si l'on empêchait l'écrivain de rapporter et
d'apprécier les actes des hommes *morts ou vivants* qui
ont mis la main aux affaires de l'Etat, on ferait à l'histoire, comme le dit M. Bonnier, « une position intolérable.»
Là-dessus nous sommes d'accord avec lui. Mais autre
chose est l'histoire, autre chose les libelles et les pam-
phlets.

» M. Bonnier reproche à l'arrêt précité de fournir, au
besoin, une arme légale « aux massacreurs de septem-
bre ; » mais, à coup sûr, plus d'un de ces « massacreurs»
vivait encore à l'époque où ont paru des histoires de la
Révolution française. Et, sans s'occuper de brigands
obscurs, si l'on ne considère que les personnages historiques proprement dits, combien d'entre eux survivent
longtemps à l'époque où ils ont joué leur rôle et attiré
l'attention publique ! Celui qui écrit ces lignes n'a-t-il pas
lui-même un jour, à Tarbes (dans les vacances de 1835),
appris avec étonnement que Bertrand Barrère était là
tout près, vivant et en bonne santé, à la séance du conseil général dont il était membre? Or, croit-on que Bar-

rère eût été bien venu à demander l'emprisonnement et l'amende contre MM. Lacretelle, Thiers, Mignet ou autres, pour avoir, dans leurs livres, porté atteinte *à son honneur et à sa considération*? Evidemment, s'il s'était plaint en justice, on aurait dû maintenir contre lui les droits de l'histoire, et reconnaître ainsi la limite qui la sépare du pamphlet. »

Aussi cette objection qui occupait une large place dans l'arrêt de Paris est-elle à peine indiquée dans les arrêts de Rennes et d'Angers, et n'y figure-t-elle que pour mémoire.

Une autre objection qui paraissait avoir quelque importance, par le soin avec lequel l'arrêt de Paris l'avait formulée, est très laconiquement mentionnée dans les arrêts de Rennes et d'Angers.

Cette objection a été ainsi formulée : « Si la législation de 1819 avait voulu soumettre à l'application de l'article 13 les diffamations envers les morts, il aurait indiqué comment il devait être suppléé à la plainte de la personne morte, à qui serait délégué ce droit, quelles en seraient les conditions, la durée et le mode d'exercice ; il eût même prévu le cas où le défunt n'aurait pas laissé d'héritiers. »

Il nous semble que le sort de cette objection doit nécessairement dépendre de la solution à donner à la question de savoir si la diffamation envers les morts constitue un délit.

Si la réponse est négative, il est évident que la question n'a aucun intérêt, puisqu'il n'y a pas lieu de s'occuper du mode de poursuite d'un délit qui n'existe pas.

Si, au contraire, la solution est affirmative, comment admettre cette choquante contradiction que la loi aurait déclaré punissable un fait qui ne pourrait jamais être puni, puisque, s'agissant d'une diffamation, c'est-à-dire d'un délit qui ne peut être poursuivi d'office par le ministère public, la dénonciation de ce délit, qui est la base nécessaire de la poursuite, n'appartiendrait à personne.

Il est donc certain que, si l'art. 13 de la loi du 17 mai 1819 est applicable aux diffamations envers les morts, quelqu'un a le droit de provoquer l'action du ministère public par une plainte.

Ce quelqu'un est-il, à défaut d'une disposition spéciale dans la loi de 1819, difficile à trouver? Mais les règles générales du droit et les dispositions particulières de la loi en ce qui concerne la représentation des personnes mortes, ne signalent-elles pas suffisamment ceux qui peuvent exercer les droits et actions de leur auteur?

La seule question à examiner est donc celle de savoir si le droit existe; s'il existe il sera exercé dans les formes, dans les conditions et dans les délais déterminés par les principes ordinaires, et les lois spéciales à la représentation.

Les représentants légaux du défunt agiront soit collectivement, soit isolément; certains de ceux investis du droit de représentation pourront agir et d'autres s'abstenir, ainsi qu'il arrive lorsque plusieurs ayant un droit, les uns le délaissent pendant que d'autres le réclament.

Au surplus, nous serions désireux de savoir quelle solution ceux qui ont produit l'argument, résultant de l'absence de dispositions relatives à la représentation du mort diffamé, donneraient à la question de savoir s'il est possible de traduire devant les Tribunaux correctionnels les diffamateurs de l'absent, [de l'aliéné, du mort civilement sous l'empire de la loi qui admettait la mort civile.

Dans les trois cas que nous venons d'indiquer, les diffamés sont vivants; l'article 13 est incontestablement applicable. Ceux qui repoussent les représentants du mort parce que la loi, spéciale à la poursuite de la diffamation, n'a pas déterminé les règles de la représentation, soutiendraient-ils, par les mêmes motifs, la non-recevabilité de la plainte formée par les représentants de l'absent, de l'aliéné, et du mort civilement?

Nous ne le pensons pas, car il leur serait difficile de prétendre que la loi aurait interdit la poursuite d'un fait constituant un délit; cependant l'argument fondé sur l'absence de réglementation de la poursuite est exactement le même dans le cas de la diffamation des morts que dans celui de la diffamation de l'absent, de l'aliéné et du mort civilement.

Cette seconde objection ne saurait donc, pas plus que la première, exercer une influence quelconque sur la solution de la question de savoir si l'art. 13 de la loi du 17 mai 1819 est applicable aux diffamations des morts.

Avant d'aborder la discussion de cette grave et importante question, nous éprouvons le besoin de dire que si la diffamation d'une personne vivante est justement punie par la loi de 1819, la répression de la diffamation envers une personne morte est d'autant plus légitime et nécessaire que le fait est alors aggravé par la violation des lois de la morale, de la conscience publique et par la lâcheté de son auteur.

En dehors des nécessités de l'histoire, l'injure et l'outrage doivent se taire en présence d'une tombe parce que la mort sanctifie ou amnistie; parce que le droit de légitime défense n'existe plus pour celui dont la dépouille mortelle a été confiée à la terre.

L'utilité de la sanction, par la loi pénale, de ces vérités éternelles, n'a pas été méconnue par les arrêts d'Angers et de Rennes. On lit, en effet, dans ce dernier arrêt :

« *Considérant que la diffamation envers les morts, quelque odieuse et coupable qu'elle soit aux yeux de la morale...*

» Considérant que *quelles que soient la puissance et la gravité des hautes considérations morales qui font regretter, à juste titre,* que le législateur n'ait pas protégé la mémoire des morts contre l'injure et la diffamation, il n'appartient pas aux magistrats de combler, par une interprétation plus ou moins spécieuse, les lacunes évidentes de la loi. »

Nous reconnaissons avec l'arrêt de Rennes que les magistrats ne doivent pas, ne peuvent pas, en matière pénale, combler par une interprétation, spécieuse ou non, une lacune de la loi.

Cette lacune existe-t-elle, ainsi que l'ont déclaré les arrêts de Rennes et d'Angers? C'est ce que nous allons examiner.

Ces deux arrêts sont fondés sur les mêmes motifs; nous citerons de préférence les termes de celui de Rennes, qui nous paraissent avoir plus nettement que celui d'Angers précisé la doctrine qui sert de base aux solutions données par les deux Cours impériales.

L'arrêt de Rennes dispose en ces termes :

« Considérant qu'un fait ne peut être délictueux et réprimé comme tel, qu'autant qu'il est une infraction aux prescriptions ou prohibitions précises et positives de la loi pénale;

» Considérant que, pour être encourue, il faut que la sanction répressive s'applique nettement à des actes spéciaux et clairement déterminés, de manière à ce que le délinquant n'ait pas pu douter un instant de l'étendue et de la portée des dispositions dont il allait enfreindre les ordres ou les défenses;

» Considérant aussi que sous peine de se laisser égarer par l'entraînement des meilleures intentions, dans l'obscurité et l'incertitude des hypothèses, il faut toujours lire dans la loi ce qu'elle a voulu et non pas ce qu'elle aurait dû vouloir;

» Considérant, d'un autre côté, que le juge ne peut jamais, en matière criminelle, même sous prétexte d'analogie, d'interprétation de l'intention présumée du législateur, ou de la nécessité de faire respecter les préceptes les plus sacrés de la morale publique, étendre la pénalité d'un cas à un autre pour l'appliquer à des situations ou à des faits que la loi n'a pas expressément et formellement prévus;

» Qu'il doit, au contraire, soigneusement la restreindre aux faits et circonstances qu'elle a nettement déclaré vouloir punir, et pour lesquels elle a été spécialement et exclusivement édictée;

» Considérant que ce principe salutaire et protecteur de la sécurité de tous ne doit jamais être méconnu, quelles que soient les considérations puissantes qu'on pourrait invoquer, soit au nom des sentiments outragés des familles, soit au nom de l'ordre social, et qu'il n'est pas donné d'imaginer de doctrine plus périlleuse que celle qui, pour quelque motif que ce soit, autoriserait le magistrat à ajouter au texte de la loi répressive ;

» Considérant que la diffamation envers les morts, *quelque odieuse et coupable qu'elle soit* aux yeux de la morale, ne rentre dans aucune des prévisions de la loi du 17 mai 1819, qui, d'après ses termes, expliqués au besoin par la pensée qui l'a dictée et la nécessité de réprimer les écarts de la presse et de la parole à l'époque de fermentation politique où elle a été rendue, n'a eu pour objet que de punir les diffamations des personnes vivantes ;

» Qu'on ne rencontre, en effet, dans son texte aucun article, aucun mot qui démontre ou puisse même faire présumer sa sollicitude pour la protection due à la mémoire des morts, qui pourtant, même alors, n'avait pas toujours été respectée, et qu'il n'apparaît pas que, pendant près de quarante ans, cette loi ait reçu dans ce sens aucune application ;

» Qu'enfin, soit dans ses termes, soit dans son esprit, révélé par les discussions législatives qui l'ont précédée, elle n'a, ni directement, ni indirectement, fait connaître qu'elle entendait réprimer, par ses dispositions pénales, la diffamation dont les morts pourraient être l'objet ;

» Que c'eût été là pourtant une grave et considérable innovation apportée à la législation antérieure, et qu'une pareille modification aurait dû nécessiter d'abord une disposition nette et *spéciale, expresse* et *précise,* ne laissant place à aucun doute, à aucune incertitude, et de plus une série de mesures législatives pour déterminer les limites, la durée, les effets de l'action publique ou privée à laquelle ce nouveau délit pourrait donner ouverture, la qualité, le degré de parenté et l'ordre ou le rang des parents appelés à l'exercer et les exceptions sagement imposées pour sauvegarder les droits impérissables de l'histoire. »

Il y a, dans cette partie de l'arrêt de Rennes, des doc-

trines auxquelles nous adhérons complétement et sans
réserves ; nous pensons, avec le rédacteur de cet arrêt,
qu'un fait ne peut être délictueux qu'autant qu'il constitue une infraction aux prescriptions ou prohibitions
précises et positives de la loi pénale ;

Que le juge ne peut jamais, en matière criminelle,
sous prétexte d'analogie et d'interprétation de l'intention présumée du législateur, ou de la nécessité de
faire respecter les préceptes de la morale, étendre la pénalité d'un cas à un autre ;

Qu'il n'est pas de doctrine plus périlleuse, et, suivant
nous, de plus condamnable que celle qui, pour quelque
motif que ce soit, autoriserait le magistat à *ajouter au
texte de la loi répressive.*

Nous ajouterons à ces salutaires principes celui-ci :
le juge ne peut pas plus restreindre qu'étendre l'application de la loi pénale.

Il doit faire de la loi une exacte application ni plus ni
moins.

Les deux arrêts de Rennes et d'Angers affirment que
la diffamation de la mémoire ne tombe pas sous l'application de la loi du 17 mai 1819 ;

Parce que la pensée qui a dicté cette loi a été de réprimer les écarts de la presse et de la parole à une
époque de fermentation politique et dès lors de protéger
seulement les personnes vivantes ;

Par ce qu'on ne rencontre dans son texte aucun article, aucun mot qui puisse faire présumer sa sollicitude pour la protection due à la mémoire des morts ;

Parce que, pendant près de quarante ans, cette loi
n'a pas reçu d'application à la diffamation des morts ;

Parce que, soit dans ses termes, soit dans son esprit
révélé par les discussions législatives qui l'ont précédé,
elle n'a ni directement, ni indirectement fait connaître
qu'elle entendait réprimer par ses dispositions la diffamation dont les morts pouvaient être l'objet ;

Parce qu'une telle innovation apportée à la législation

antérieure aurait dû nécessiter une disposition nette, *spéciale*, expresse et précise ;

Ces considérations sont loin, suivant nous, d'avoir l'importance que les Cours de Rennes et d'Angers y ont attachée.

De ce que la pensée qui a dicté la loi du 17 mai 1819 aurait été de réprimer les écarts de la presse et de la parole à une époque de fermentation politique, il ne saurait en résulter que cette loi n'a voulu protéger que les personnes vivantes. La loi de 1819, considérée seulement au point de vue politique, devait avoir pour objet de protéger les morts aussi bien que les vivants ; d'ailleurs la disposition de l'art. 13 qui est générale, absolue, a évidemment pour but de sauvegarder les intérêts des personnes non politiques aussi bien que les intérêts et les personnes politiques. L'art. 18 qui détermine la peine dans les cas de diffamation de particuliers, par la presse ou autrement, a incontestablement pour objet de permettre à tous ceux qui ont été diffamés, aux plus humbles citoyens, comme aux personnages les plus considérables, de faire condamner correctionnellement leurs diffamateurs.

Il est donc impossible de trouver, dans les circonstances au milieu desquelles s'est produite la loi du 17 mai 1819, dans la pensée de ceux qui l'ont proposée et votée, la volonté de limiter aux vivants les dispositions relatives à la diffamation.

On ne rencontre, dit-on, dans la loi de 1819, aucun article, aucun mot qui puisse faire présumer sa sollicitude pour la protection due à la mémoire des morts.

De cette objection il résulte que le fait n'est punissable qu'autant que la loi a prévu et déterminé l'espèce spéciale à laquelle ce fait appartient, de sorte que le législateur devra, sous peine de voir sa volonté méconnue, spécifier les espèces dans lesquelles la loi devra être appliquée.

Sont-ce là les principes qui régissent notre législation en matière criminelle ? Évidemment non.

La loi pénale peut disposer en vue de telle ou telle espèce, de tels ou tels cas spéciaux ; elle peut aussi déterminer d'une manière générale les éléments constitutifs du crime ou du délit. En ce qui concerne le cas spécial de la diffamation des morts, la disposition spéciale n'existe pas ; la disposition génerale de l'art. 13 comprend-elle la diffamation des morts? Telle est la question à examiner.

Pendant près de quarante ans, objecte-t-on, aucune application n'a été faite de la loi de 1819, au cas de diffamation envers les morts.

Depuis quand une loi est-elle caduque parce qu'elle n'a pas été appliquée pendant un grand nombre d'années? Certains délits prévus et punis par le Code pénal ont rarement donné lieu à des poursuites ; quelques-uns n'en ont motivé aucune. En résulte-t-il que les dispositions légales qui ont constitué ces délits ne doivent pas recevoir d'application? La diffamation envers les morts, par cela qu'elle est odieuse et lâche, se produit rarement et alors seulement que les sociétés humaines se trouvent placées dans la période de décadence, et qu'avec la foi, la croyance en Dieu et à l'immortalité de l'âme diminue le respect pour la tombe. Est-ce une raison parce que le délit est rarement commis pour ne pas le poursuivre? L'impunité est-elle désormais acquise aux diffamateurs des morts parce que jusqu'ici les familles n'auraient cru devoir opposer à la diffamation que le mépris?

En admettant même, ce qui ne serait pas exact, ainsi que le démontre un arrêt rendu, le 14 août 1839, par la Chambre des appels correctionnels de Paris, que, pendant quarante années, la croyance générale aurait été que la diffamation des morts ne tombait pas sous l'application des articles 13 et 18 de la loi du 17 mai 1819, nous dirons que la question n'en restait pas moins celle de savoir si cette croyance est fondée.

L'antiquité a cru que le soleil tournait autour de la terre.

Pendant plusieurs siècles on a cru à la sorcellerie ;

On a cru et jugé, pendant longtemps, que le duelliste de profession pouvait assassiner impunément;

Que les usuriers et les faiseurs d'affaires véreuses pouvaient seuls être traduits devant la police correctionnelle pour délit d'abus des faiblesses et des passions des mineurs.

La science a démontré que c'est la terre et non le soleil qui tourne.

A l'exception de quelques villageois et de quelques vieilles femmes, qui aujourd'hui croit aux sorciers?

Par deux arrêts rendus en décembre 1837, la Cour de cassation a décidé, contrairement à une croyance et à une jurisprudence antérieure, que la mort donnée, ou les blessures faites dans un duel constituaient, suivant les circonstances, le crime de meurtre ou le délit de blessures volontaires.

Cette doctrine a soulevé en 1837 et depuis de nombreuses contradictions ; certaines Cours l'ont repoussé; les arrêts rendus par la Cour de cassation les 23 juin 1838 et 2 février 1839 attestent la continuation de la lutte pendant ces deux années ; mais depuis la résistance a cessé dans la jurisprudence, la discussion ayant démontré que l'application de la loi pénale au fait de duel n'avait pas seulement pour résultat de donner satisfaction à un besoin social ; mais que cette application était juridique et conforme aux prescriptions de la loi.

Depuis le Code pénal de 1810, c'est-à-dire pendant 54 ans, on a cru que l'art. 406 qui prévoit et punit le délit d'abus des faiblesses et des passions des mineurs n'était applicable qu'aux usuriers et aux prêteurs d'argent; mais, dans ces derniers temps, l'industrie des femmes qui exploitent les mineurs a pris de tels développements, les moyens à l'aide desquels elles obtiennent d'eux, après épuisement des capitaux, des signatures au bas de billets à ordre et de lettres de change, sont devenus si fréquents qu'on s'est demandé si, dans ce cas, la loi pénale ne venait pas au secours de ces adolescents dupés et des patrimoines dévastés par l'invasion de ces sauterelles faméliques.

En 1865 et pour la première fois, l'une de ces sauterelles a été traduite devant le Tribunal correctionnel de la Seine et condamnée ; sur l'appel, le jugement a été confirmé par arrêt du 15 décembre 1865 et la Cour de cassation a, le 22 février 1866, rejeté le pourvoi formé contre cet arrêt.

Donc, le long temps écoulé sans qu'il ait été fait application de la loi pénale, ne tranche pas la question de savoir si cette application peut-être légitimement faite.

Les arrêts de Rennes et d'Angers prétendent que la loi de 1819, soit dans ses termes, soit dans son esprit révélé par les discussions législatives qui l'ont précédée, n'a, ni directement, ni indirectement fait connaître qu'elle entendait réprimer la diffamation dont les morts pouvaient être l'objet ; qu'une telle innovation apportée à la législation antérieure aurait dû nécessiter une disposition nette, *spéciale, expresse*.

Est-il vrai, ainsi qu'on l'a dit, que l'esprit et la portée de la loi sont précisés par les discussions législatives et par les exposés de motifs du projet de loi ?

Qu'en matière civile ces discussions et ces exposés soient consultés lorsque le texte de la loi est obscur et ne fait pas connaître suffisamment la volonté du législateur, nous le comprenons ; mais nous ne saurions admettre que des opinions individuelles, quelles qu'elles soient, puissent être invoquées à l'appui d'une interprétation lorsque la pensée de la loi est révélée par son texte, alors surtout qu'il s'agit d'une disposition pénale.

Peut-on dire, d'ailleurs, que si, dans les discussions législatives et dans les exposés de motifs, on ne trouve d'indications que relativement à certains cas spéciaux, la loi pénale ne doit être appliquée qu'à ces seuls cas ; mais les explications données sur les faits qui se produisent le plus fréquemment, ne peuvent avoir pour résultat, alors que la loi est générale, d'exclure d'autres faits de même nature qui se sont manifestés ou peuvent se manifester rarement. Ces derniers faits tombent-ils sous l'application de la loi pénale? Cette question doit être résolue, non par les discussions législatives et par les exposés de motifs, mais à l'aide du texte de la loi.

On a prétendu que la diffamation des morts n'ayant pas été réprimée par la législation pénale antérieure à la loi du 17 mai 1819, l'innovation, si elle eût été dans les intentions du législateur, nécessitait une disposition nette, *spéciale, expresse* et *précise...*

Nous répondrons que lorsque le législateur veut soumettre un fait à une pénalité, il peut, par une disposition nette, précise, expresse et *spéciale*, exprimer sa volonté ; il peut aussi, par une prescription générale, placer sous l'application de la loi pénale ce fait et d'autres de même nature, alors que ces faits réunissent les éléments que la loi a déterminés.

Le législateur a incontestablement le droit de procéder par disposition spéciale ou générale, et le plus fréquemment c'est à la disposition générale qu'il donne la préférence.

## § IV

Le système des Cours de Paris, de Rennes et d'Angers, qui placent la base de l'interprétation, non pas dans la loi, mais en dehors de la loi, permet à chacun de se constituer juge des moyens à l'aide desquels il peut déterminer le sens et la portée de la prescription pénale; et comme nous sommes tous enclins à faire prévaloir nos appréciations personnelles, le mode d'interprétation qui, par son élasticité, est le plus favorable à cette tendance, a et doit avoir de nombreux adhérents.

La variété, la multiplicité des moyens d'interprétation, alors qu'on s'écarte du texte de la loi, ouvre ainsi aux déterminations individuelles un champ illimité.

Ce mode d'interprétation n'a pas, d'ailleurs, de règles fixes; chacun peut, à son gré, rechercher la volonté du législateur dans des faits dont la nature et le nombre ne sont pas limités; chacun devient juge de l'importance de ces faits et des conséquences qui doivent en résulter au point de vue de l'interprétation.

Dans la question même qui nous occupe, certains estiment que si le fait n'a pas été prévu et déclaré punissable par la législation antérieure, il ne saurait constituer un délit qu'autant qu'il a fait l'objet d'une disposition précise formelle et *spéciale;* que de l'absence de cette disposition *spéciale* résulte nécessairement que le législateur n'a pas voulu le réprimer; d'autres pensent que. pour déterminer la pensée de la loi, il est indispen-

sable de consulter en outre les travaux qui l'ont précédée, les exposés de motifs, les discussions législatives,
les monuments de la jurisprudence, et que l'ensemble
et l'examen de ces différents faits doivent conduire à la
saine et exacte interprétation de la volonté du législateur.

Ce système a l'inconvénient de permettre à chacun
de placer la base de l'interprétation où il lui convient, et de faire résulter la volonté du législateur de
faits qui n'ont pas de rapports directs avec la loi. De là
la variété des interprétations, selon l'importance et la
valeur interprétative que chacun croit devoir attribuer à
tel fait et à telle circonstance ; de là le doute, l'incertitude sur le sens de la loi et la contradiction dans les dé-
cisions judiciaires, contradiction fâcheuse en matière
civile, déplorable en matière criminelle.

Ce système d'interprétation a un autre inconvénient
non moins grave, celui de faire, des dispositions pénales, des logogriphes qui ne seraient intelligibles que
pour les initiés aux mystères de la loi, ou plutôt qui de-
viendraient le texte de discussions entre ces initiés. En
effet, pour savoir si l'art. 13 de la loi du 17 mai 1819
est applicable au cas de diffamation des morts, il faudra
examiner la législation antérieure, consulter les travaux
du Conseil d'Etat, les exposés de motifs, les discussions
de la Chambre des députés ; il faudra compulser les re-
cueils d'arrêts depuis 1819 jusqu'à nos jours. Ce labo-
rieux travail du jurisconsulte sera imposé à quiconque
voudra savoir si la diffamation envers les morts constitue un délit.

Comment comprendre qu'une loi pénale faite pour
tous, applicable à tous, et qui doit être intelligible pour
tous, pour le simple paysan comme pour le jurisconsulte, soit enveloppée de telles ténèbres et de telles
obscurités qu'il faille, pour en pénétrer le sens, recou-
rir aux lumières de la science et aux pénibles investiga-
tions des criminalistes ?

Ces considérations démontrent, suivant nous, que le

mode d'interprétation admis par les Cours de Paris, de Rennes et d'Angers est vicieux.

La Cour de cassation pense, avec raison, que lorsqu'on déserte le texte de la loi, on s'expose à attribuer au législateur des intentions qu'il n'a pas eues ; que, en matière pénale notamment, le sens de la loi est celui qui résulte des termes dans lesquels elle a été formulée ; que la base de l'interprétation est là et non ailleurs, ou plutôt que le juge ne doit pas, ne peut pas interpréter la loi pénale ; qu'il doit se borner à en faire l'application aux faits qui lui sont soumis. Ce système a l'incontestable avantage de substituer aux appréciations individuelles la volonté exprimée par le législateur, de permettre à tous de savoir par la lecture de la loi ce qu'elle a voulu et de l'affranchir ainsi des doutes et des incertitudes que doivent inévitablement créer des interprétations contestables, alors qu'elles se placent en dehors de la loi.

Ce n'est pas pour la première fois que, en 1860 et à l'occasion de la diffamation des morts, la Cour de cassation a mis en pratique sa doctrine en matière d'application de la loi pénale. En 1837 s'est produite devant elle la question de savoir si le fait du duel était punissable aux termes de la législation existante. Les partisans de la négative invoquaient les arguments qui sont présentés dans la controverse soulevée à l'occasion de la diffamation des morts ; ils faisaient valoir l'absence d'une législation répressive antérieure, le silence gardé sur le duel par tous ceux qui avaient participé, soit à la préparation, soit à la confection du Code pénal ; ils avaient, en outre, la bonne fortune d'argumenter, non pas de l'absence de poursuites et de condamnations, mais d'une imposante jurisprudence, notamment de celle de la Cour de cassation, qui proclamait que le duel ne constituait ni crime, ni délit.

Un homme qui, par l'élévation de son talent et la puissance de sa parole, a exercé une grande et légitime influence, a eu le courage, dans cette circonstance, de

lutter contre le courant de l'opinion publique et les pré-
cédents judiciaires; un des honneurs de sa carrière de
magistrat sera d'avoir été le promoteur et le coopérateur
de cette jurisprudence qui a battu en brèche l'absurde
préjugé qui voulait que celui qui avait été provoqué,
pour les motifs les plus futiles, devînt meurtrier ou victime; c'est lui qui a mis un terme aux exploits de ces
duellistes de profession qui assassinaient fréquemment
et impunément des pères et des fils de famille dans le
seul but de se faire un piédestal des cadavres qu'ils ac-
cumulaient autour d'eux.

Le but était noble et grand; les résultats ont démontré combien le succès de l'entreprise devait être profi-
table à notre état social et à la moralisation de l'esprit
public. Mais, quelles qu'aient pu être les conséquences
de la jurisprudence de 1837 sur le duel, cette jurisprudence n'était et ne pouvait être légitime qu'à la condition de consacrer une exacte application de la loi pénale.
La Cour de cassation, par la haute situation qu'elle occupe dans la hiérarchie judiciaire, est, plus que les Tribunaux, plus que les Cours impériales, tenue de respecter la loi et de maintenir son exacte et sincère application; aucune considération, quelque grave qu'elle
soit, ne saurait la déterminer à méconnaître le sens,
la portée de la loi, alors surtout qu'il s'agit de la loi pénale. Si donc la Cour de cassation a décidé, en 1837,
que le duel était punissable, nul ne peut douter qu'elle
n'ait cru, avec M. le procureur général Dupin, que les
dispositions relatives à l'homicide et aux blessures volontaires étaient *juridiquement* applicables aux faits de duel.

Le mode d'interprétation auquel elle a eu recours est
celui que nous avons indiqué; elle a demandé, non pas
à des faits dont les conséquences, au point de vue de
l'interprétation de la loi, sont toujours contestables,
mais à la loi elle-même la volonté qui l'a dictée.

Placée dans cet ordre d'idées, la Cour de cassation a
trouvé dans le Code pénal, l'art. 295 lequel dispose que
« l'homicide commis *volontairement* est qualifié meur-

tre » ; elle a trouvé l'art. 309 aux termes duquel est : « puni de la réclusion tout individu qui, *volontairement,* a fait des blessures ou porté des coups, s'il est résulté de ces sortes de violences une maladie ou incapacité de travail personnel pendant plus de vingt jours. » Elle a rapproché ces dispositions des faits de duel.

Lorsque deux individus se présentent sur le terrain armés d'épées ou de pistolets, lorsqu'ils font usage l'un contre l'autre de leurs armes, il est certain qu'ils agissent ainsi avec *la volonté* soit de donner la mort, soit de faire des blessures. Ces faits réunissent donc les éléments déterminés soit par l'art. 295, soit par les art. 309 et 311 et tombent dès lors sous l'application de ces articles, sauf, bien entendu, au jury à apprécier, dans l'exercice de sa souveraineté, les faits et les circonstances de la cause et, dans l'espèce qui lui est soumise, la légitimité de la condamnation.

Il s'est présenté, en 1865, une espèce qui a de nouveau mis en présence les deux modes d'interprétation de la loi pénale. Pour la première fois, le ministère public avait dirigé des poursuites, pour abus des passions d'un mineur, contre une femme qui n'était autre que la maîtresse du mineur exploité. On opposait au ministère public son abstention pendant cinquante-quatre ans, et certes, disait-on, depuis 1810, les occasions n'ont pas manqué aux procureurs royaux et impériaux de traduire devant les Tribunaux de répression les maîtresses qui ont abusé des passions des mineurs; cependant aucune poursuite n'avait eu lieu; d'ailleurs, les discussions du Conseil d'Etat et du Corps législatif, les exposés de motifs du projet de loi démontraient péremptoirement, disait-on, que le législateur n'avait entendu et voulu rendre applicable l'art. 406 du Code pénal qu'aux usuriers et aux prêteurs d'argent.

Ce système a été successivement repoussé par le Tribunal correctionnel de la Seine, par la Chambre des appels de police correctionnelle de Paris et par la Cour de cassation.

Cette fois encore l'interprétation de la loi faite par ces différentes juridictions a été demandée à la loi elle-même, et comme les faits qui avaient donné lieu aux poursuites, réunissaient tous les éléments indiqués par l'art. 406, cet article a été juridiquement déclaré applicable.

Les arrêts de la Cour de cassation intervenus dans les espèces que nous venons de signaler, et notamment celui du 22 février 1866, rendu dans l'affaire de la femme Court, démontrent péremptoirement l'erreur dans laquelle se trouvent ceux qui exigent, pour que la loi puisse être appliquée, qu'il soit démontré que le législateur a eu précisément en vue la punition de tel fait spécial et déterminé.

S'il est vrai qu'il doit en être ainsi alors que la disposition pénale prévoit et punit un fait spécial, il n'est pas moins certain que le mode d'application n'est plus le même alors que la disposition est générale et embrasse un ensemble de faits réunissant les éléments que la loi détermine. Lorsque le législateur, au lieu de spécialiser, a généralisé ses prescriptions, il est incontestable qu'il a voulu qu'elles fussent applicables non pas à un seul fait, mais à plusieurs; non pas seulement à ceux qui se produisent fréquemment, mais à d'autres qui peuvent ne survenir que rarement; non pas à ceux qu'il connaît, mais à ceux qu'il peut ignorer et même à ceux qui ne se manifesteront qu'ultérieurement, pourvu qu'ils réunissent les caractères que la disposition pénale détermine.

La question d'application de la loi, dans ce cas, est donc résolue par la solution donnée à celle de savoir si le fait réunit les éléments constitutifs du crime ou du délit.

Le législateur statue, le plus ordinairement, par des dispositions générales; il évite ainsi de regrettables omissions; il permet à la loi de vivre, de durer et d'échapper à des remaniements législatifs, dont le résultat est trop souvent de dénaturer l'œuvre primitive et tou-

jours de porter de dangereuses atteintes au respect de
la loi, qui cesse d'être respectée lorsque, au lieu d'être
une vérité que le temps a consacrée, elle n'est que la
traduction des caprices, des fantaisies et des fluctuations de l'opinion publique ou des gouvernants.

Pour résumer, sur ce point, notre opinion, nous
croyons devoir donner le texte de l'arrêt rendu, le 22 février 1866, par la Cour de cassation dans l'affaire
Court. Cet arrêt est ainsi conçu :

« Attendu que si la loi pénale ne doit pas être appliquée
par voie d'analogie a des cas qu'elle n'a pas expressément
prévus, il est également interdit de la restreindre arbi-
trairement en exigeant pour son application, des conditions que ne comportent pas la généralité de ses termes;
» Attendu que peu importe que dans l'origine l'esprit
du législateur ait été plus particulièrement frappé des
dangers que pouvaient offrir, pour l'inexpérience des mineurs, les manœuvres des faiseurs d'affaires et des usu-
suriers, s'il s'est servi, *à dessein*, d'expressions assez com-
préhensibles pour embrasser dans la formule légale qu'il
employait, non-seulement la classe de personnes et d'o-
pérations qu'il avait spécialement en vue à ce moment,
mais toutes celles qui par suite du mouvement progressif
et varié des faits, pourraient à l'avenir, rentrer dans les
conditions générales qui constituent l'incrimination de
l'art. 406. »

La Cour de cassation a donné, dans ce dernier arrêt,
sa haute sanction à la doctrine dont la formule est : en
matière pénale, le juge doit appliquer et non interpréter
la loi; si la loi dispose en vue d'un fait spécial et déterminé, il ne peut en faire l'application à d'autres faits, si
la disposition, au lieu d'être spéciale, est générale, si
elle détermine les éléments à l'aide desquels une collec-
tion de faits doit tomber sous l'application de la loi pénale, le juge doit se borner à rechercher, dans chaque
espèce, si ces éléments se trouvent réunis; si leur existence est démontrée, la peine doit être appliquée.

Ces salutaires vérités ont été professées par un

homme qui a exercé une grande et légitime influence sur les législations pénales modernes. Au paragraphe 4 du *Traité des délits et des peines*, par Beccaria, et sous le titre de l'interprétation des lois, on lit :

« Le droit d'interpréter les lois pénales *ne peut appartenir aux juges criminels*, par la seule raison qu'ils ne sont pas législateurs.

» Telle est l'autorité physique et réelle des lois. Qui donc en sera le légitime interprète ? Sera-ce le souverain, je veux dire l'organe des volontés de tous, ou le juge dont les attributions se bornent exclusivement à examiner si tel homme a fait ou n'a pas fait une action contraire aux lois ?

» L'examen de chaque délit présente, quand au juge, un syllogisme parfait. La *majeure* doit être la loi générale. La *mineure*, l'action conforme ou non conforme à la loi. *La conséquence*, l'acquittement ou la punition de l'accusé. Si le juge est contraint de faire ou fait volontairement un second syllogisme, tout n'est qu'incertitude.

» Rien de plus dangereux que cet axiome trivial : *il faut consulter l'esprit de la loi*. L'admettre c'est rompre la digue opposée au torrent de l'opinion. Cette vérité que des esprits vulgaires, plus frappés d'un léger abus actuel, que des conséquences funestes, mais plus éloignées de l'adoption d'un faux principe par une nation, appelleront paradoxe, me paraît démontrée. Nos connaissances et nos idées ont une connexion réciproque ; plus elles sont compliquées, plus les points de communication sont nombreux. Chaque homme à sa manière de voir et cette manière varie dans le même homme suivant la différence des temps. Ainsi l'esprit de la loi sera donc le résultat de la bonne ou mauvaise logique d'un juge, d'une facile ou pénible digestion ; il dépendra donc de la violence de ses passions, de la faiblesse seule de l'accusé, des relations des juges avec le plaignant, d'une foule d'incidens qui changent les apparences des objets dans l'esprit inconstant de l'homme.

» Ainsi, nous verrions le sort d'un citoyen soumis aux chances d'une jurisprudence incertaine, et des malheureux payer de leur vie les faux raisonnements d'un magistrat mal disposé, et qui prend pour l'interprétation légitime de la loi le vague résultat de notions confuses qui troublent son esprit; nous verrions les mêmes délits jugés différemment par les mêmes Tribunaux, suivant les circonstances, par cela seul que les magistrats auront consulté *non l'expression fixe et naturelle de la loi, mais le prisme trompeur des interprétations*.

» Les abus qui peuvent résulter de l'observation rigoureuse *de la lettre* d'une loi pénale peuvent-ils être comparés à ceux que fait naître le vague des interprétations? Un inconvénient rare et passager pourra provoquer une facile correction dans le texte de la loi, pour en mieux préciser le sens; mais cette erreur d'un moment empêchera ce funeste débordement d'argumentations, source de déclamations arbitraires.

» Quand les dispositions d'un Code fixe, dont l'observation littérale sera de rigueur, ne laissera au juge que la faculté d'examiner si les actions d'un citoyen sont ou ne sont pas conformes *à la loi écrite;* quand la seule règle du juste et de l'injuste qui doit diriger les actions du citoyen ignorant et du citoyen philosophe, ne sera plus une affaire de controverses, mais de fait, alors les sujets ne seront plus exposés au despotisme d'une foule de petits tyrans, d'autant plus cruels, que la distance entre l'oppresseur et l'opprimé sera plus rapprochée; dans une telle calamité, il ne reste d'autre moyen de se soustraire au despotisme de plusieurs qu'en se livrant au despotisme d'un seul, et la cruauté de la tyrannie s'accroît non en raison de sa force, mais des résistances.

» Sous l'empire d'une législation *littéralement exécutée,* les citoyens jouiront de toutes les garanties qui les intéressent et qui leur sont dues, puisque cette sécurité a été l'unique but pour lequel les hommes se sont réunis en société. Il en résultera encore cet avantage que chacun pourra, avec précision, apprécier les inconvénients d'une mauvaise action.. . . . . . . . . . . . . . . .

## § V

Du moment où il est admis que le mode d'interprétation de la Cour de cassation, en matière pénale, est celui qui doit servir de règle, la discussion ne saurait être ni longue, ni difficile.

Il s'agit, en effet, uniquement de savoir si le fait de la diffamation des morts s'adapte exactement à l'art. 13 de la loi du 17 mai 1819, lequel est ainsi conçu : « La diffamation est l'imputation d'un fait qui porte atteinte à l'honneur et à la considération de la personne à laquelle le fait est imputé. »

Cette disposition est incontestablement générale et s'applique à toute espèce de diffamation et à quiconque porte atteinte à l'honneur et à la considération d'une personne quelconque.

Pourquoi veut-on exclure de l'application de cet article celui qui a diffamé une personne morte ? Parce que, dit-on, le législateur n'a entendu disposer qu'en vue des personnes vivantes. Argumenter ainsi, ce n'est pas interpréter la loi, mais la modifier en ajoutant au mot *personne* l'adjectif *vivante* qui ne s'y trouve pas. D'ailleurs, c'est bien à tort que l'on prétend que lorsque le législateur emploie le mot *personne,* il n'entend désigner que des personnes vivantes ; la législation romaine, notre législation actuelle protestent contre une telle supposition ; ne trouve-t-on pas, en effet, dans la

loi romaine cet axiome : *Hœres sustinet* PERSONAM DE-
FUNCTI ?

L'art. 737 du Code Napoléon porte que, en ligne di-
recte, on compte autant de degrés qu'il y a de généra-
tions entre *les personnes*. Ce n'est donc pas seulement
l'héritier qui est qualifié : *personne ;* mais aussi le défunt
qui sert de point de départ pour la supposition des
degrés.

L'art. 744 dispose ainsi : « On ne représente pas les
*personnes vivantes* mais seulement *celles qui sont mortes
naturellement ou civilement.* »

Les mots *personne morte* se trouvent également dans
les art. 748 et 749.

L'art. 444 du Code d'instruction criminelle désigne
ainsi la personne dont la mort supposée a donné lieu
à une condamnation : « Les indices suffisants sur l'existence *de la personne* dont la mort supposée..... »

L'art. 447, prévoyant le cas de la mort du condamné
porte : « Lorsqu'il y aura lieu de réviser une condamnation pour la cause exprimée en l'art. 444 et que cette
condamnation aura été portée contre un *individu* mort
depuis..... »

Le terme *individu*, qui désigne le condamné mort,
est évidemment l'équivalent et le synonyme du mot
*personne.*

L'arrêt de Rennes, qui ne s'est préoccupé en aucune
manière des termes de l'article 13 de la loi de mai 1849
et de l'application de cet article à l'espèce qui lui était
soumise, reconnaît que le mot *personne* pourrait, en effet, s'appliquer à la personne morte, mais à la condition, dit-il, « que la *législation antérieure* aurait réprimé tout à la fois la diffamation envers les uns et les
autres. »

Ainsi le sens et la portée d'une disposition pénale seront subordonnés à la question de savoir si le fait était
déclaré punissable par la législation antérieure. Si la diffamation des morts constituait un délit avant 1849,
l'art. 13 de la loi du 17 mai devra être interprété dans

le sens de son application à la diffamation des morts. Il sera inapplicable dans le cas où la loi antérieure aura été muette sur ce point ; de sorte que la loi pénale, qui doit se suffire à elle-même et enseigner à tous, *par son texte,* quels sont les faits punissables, devient susceptible d'interprétations et d'applications diverses par suite de circonstances étrangères à la loi.

Voilà à quelles conséquences on arrive avec le mode d'interprétation qui permet à chacun de rechercher, en dehors de la loi et là où il lui convient, des motifs de détermination de la volonté du législateur.

Les Cours de Paris, de Rennes et d'Angers estiment que le législateur de 1819 n'a voulu disposer qu'en vue et en faveur des personnes vivantes. Si telle a été, en effet, la pensée du législateur, il a dû manifester cette pensée alors qu'il a réglé les conditions de la plainte qui doit être nécessairement portée pour mettre en mouvement l'action publique ; n'ayant disposé que pour les vivants, il a dû exiger que la plainte fût formulée par *la partie diffamée ou qui se prétendra diffamée.*

Au lieu de ces expressions, qui auraient été, en effet, la traduction de la volonté de restreindre à la diffamation des personnes vivantes l'application de la loi du 17 mai 1819, on trouve, dans la loi du 26 mai 1819, un article 5 dont la partie finale est ainsi conçue : « La poursuite (pour diffamation) n'aura lieu que sur la plainte *de la partie qui se prétendra lésée,* ».

Le législateur n'exige donc pas que le plaignant ait été diffamé, mais seulement qu'il se prétende lésé ; d'où la conséquence que la disposition de l'art. 13 de la loi de 1819 n'a pas été limitée aux cas de poursuites du diffamé et aux diffamations contre les vivants ; que cet art. 13 constitue une prescription générale, absolue et sans exceptions autres que celles qui ont été spécialement signalées par les art. 21 et suivants de la loi de 1819.

L'argument emprunté à l'art. 5 de la loi du 26 mai 1819 nous paraît capital et décisif dans la discussion de l'interprétation de l'art. 13 de celle du 17 mai ; il est capital et décisif parce que au lieu d'avoir sa base dans des faits étrangers à la loi, il la trouve dans la loi elle-même ; parce que c'est la volonté exprimée par le législateur, dans l'une de ses dispositions, qui révèle celle qu'il a eue dans une autre.

C'est vainement qu'on chercherait dans les nombreux considérants de l'arrêt de Rennes une réponse à cet argument. L'arrêt d'Angers à pris la peine de le discuter.

Cet arrêt fait remarquer que ces expressions de l'article 5 de la loi du 26 mai 1819 : « La partie qui se prétendra lésée, » sont textuellement celles de l'art. 63 du Code d'instruction criminelle ; de cette répétition des mêmes termes l'arrêt conclut que, dans la loi de 1819, elles signifient uniquement la partie *injuriée* ou *diffamée*.

L'argument n'aurait de valeur qu'autant qu'il serait démontré que les expressions de l'art. 63 du Code d'instruction criminelle, « la partie qui se prétendra lésée, » désignent, ainsi que le pense le rédacteur de l'arrêt, la partie qui a été directement victime du crime ou du délit ; nous comprendrions alors qu'on puisse soutenir que les mêmes termes ont, dans l'art. 5 de la loi du 26 mai 1819, la même signification ; mais rien n'est moins exact que de prétendre que l'art. 63 a entendu restreindre, à la partie victime d'un crime ou d'un délit, le droit de porter plainte et de se constituer partie civile ; la preuve que cette restriction n'a pas été dans les intentions du législateur résulte des termes qu'il a employés et qui autorisent quiconque se *prétend lésé* à porter plainte et à se constituer partie civile.

Il est d'ailleurs des cas nombreux qui attestent l'utilité et la sagesse de la disposition de la loi, qui permet à tous ceux qui se prétendent lésés de provoquer l'action publique par une plainte et de se porter partie civile ; nous en citerons un seul : une personne est tombée victime d'un lâche assassinat, ou a reçu la mort dans un duel ; si la loi avait le sens que lui suppose l'arrêt d'Angers, les héritiers du décédé n'auraient pas le droit de porter plainte et de se constituer partie civile, puisque ce double droit n'appartiendrait, suivant cet arrêt, qu'à la victime du crime ou du délit.

S'il est vrai et incontestable que les héritiers de la personne homicidée ont le droit de porter plainte et de se constituer parties civiles, parce que l'art. 63 du Code d'instruction criminelle en confère le droit, non pas seulement à la victime, mais à tous ceux qui se prétendent lésés, ainsi que le dit et le veut la loi, l'argument emprunté à l'art. 63 nous paraît de nature à devenir très-embarrassant pour ceux qui soutiennent la thèse de l'arrêt d'Angers.

Alors qu'il est certain que ces expressions : « La partie qui se prétendra lésée, » ont cette signification, dans l'art. 63 du Code d'instruction criminelle, que l'allégation de la lésion suffit pour donner le droit de plainte et de constitution de partie civile, n'est-on pas autorisé à croire que le législateur a entendu donner la même signification aux mêmes mots qu'il a reproduits dans l'art. 5 de la loi du 26 mai 1819 ?

L'arrêt d'Angers a produit un second argument.

Pour démontrer que les mots de l'article 5 de la loi du 26 mai 1819 : « La partie qui se prétendera lésée » signifient *la partie injuriée ou diffamée,* cet arrêt cite l'article 17 de la loi du 25 mars 1822, lequel disposait « que la poursuite pour offense envers la personne des souverains étrangers, pour diffamations ou injures, contre tous agents diplomatiques accrédités près du roi ou contre *tout particulier*, n'aurait lieu que sur la plainte ou à la requête, soit de souverain qui se trouverait offensé, soit de l'agent diplomatique ou *du particulier qui se croirait diffamé ou injurié.* »

Le rédacteur de l'arrêt d'Angers, pense que cette disposition donne le sens de l'art. 5 de la loi du 26 mai 1819 et autorise à penser que par ces mots : « La partie qui se prétendra lésée » le législateur a voulu désigner seulement *la partie diffamée.*

Nous pourrions peut-être, en mettant en pratique la

méthode d'interprétation de nos contradicteurs, faire
remarquer que la pensée qui a dicté au législateur l'art.
17 de la loi du 25 mars 1822, a été d'accorder aux agens
diplomatiques étrangers le droit de poursuite, qui n'a-
vait été conféré, par l'article 12 de la loi du 17 mai
1819, qu'aux souverains étrangers ; que la loi de 1822
n'avait pas entendu placer dans des conditions différentes de celles des lois de 1819, les particuliers englobés
avec les souverains et les agents diplomatiques étrangers
dans la partie finale de l'art. 17 ; mais nous ne voulons
pas encourir le reproche que nous adressons à nos ad-
versaires, en recherchant la volonté du législateur en
dehors du texte qu'il a formulé.

Nous reconnaissons donc que l'art. 17 de la loi du 22
mars 1822 ayant dit que les poursuites pour offenses et
diffamations dirigées tant contre les souverains et agents
diplomatiques étrangers que contre les particuliers,
n'auraient lieu que sur la plainte ou à la requête du souverain, de l'agent diplomatique ou du particulier qui se
croirait diffamé ou injurié, à partir de la promulgation
de la loi du 22 mars 1822, la poursuite de la diffamation
des morts a été impossible, non pas par interprétation
de l'art. 5 de la loi du 26 mai 1819, mais par application de l'art. 17 de celle du 12 mars 1822 qui, aux expressions « de la partie qui se prétendra diffamée » de
la loi de 1819, avait subsititué celle-ci « du particulier
qui se croira diffamé », expressions qui limitent, en effet, au diffamé le droit de porter la plainte qui doit
mettre en mouvement l'action publique.

L'art. 17 de la loi de 1822 vient ainsi démontrer que,
lorsque le législateur veut limiter l'exercice d'un droit,
il sait bien trouver les termes qui traduisent exactement
sa pensée.

Cet exemple n'est pas au surplus le seul à citer.

La loi a voulu accorder au mari seulement la faculté
de dénoncer le délit d'adultère commis par sa femme.
Elle a manifesté, à cet égard, sa volonté, en disposant,
dans l'art. 336 du Code pénal, que « l'adultère de la

femme *ne peut être dénoncé* que par le mari. »

En matière de désaveu de paternité, la loi n'accorde au mari lui-même qu'une action limitée par de courts délais (Code Napoléon, art. 316); ses héritiers n'ont d'action après lui que s'il est mort avant l'expiration de ces délais et seulement dans les deux mois du décès (Code Napoléon, art. 317).

Les actions en révocation de donations pour cause d'ingratitude ne peuvent être introduites par les héritiers; ils peuvent seulement poursuivre celles que le donateur a intentées de son vivant (Code Napoléon, article 951).

Nous pourrions citer d'autres exemples de la limitation du droit d'action quant aux personnes et quant aux délais impartis par la loi; mais nous croyons que ceux que nous venons d'indiquer suffisent pour démontrer que, lorsque le législateur veut interdire à des héritiers un droit d'action qui leur est accordé par les principes généraux du droit, il prend la peine de le dire dans des termes qui ne peuvent laisser aucun doute sur sa pensée. En ce qui concerne les droits de plainte et de poursuite de la diffamation des morts, aucun doute ne pouvait exister sur les conséquences de l'art. 17 de la loi du 22 mars 1822.

Si donc cet article était encore en vigueur, nous n'hésiterions pas à reconnaître que la plainte portée par les héritiers du mort diffamé est non-recevable, mais cette disposition a été formellement abrogée par l'art. 5 de la loi du 8 octobre 1830, de sorte que depuis la promulgation de cette loi, la plainte, dans le cas de diffamation des morts, est régie, non par l'art. 17 de la loi du 22 mars 1822, mais par l'art. 5 de celle du 26 mai 1819 ; or, cette loi conférant le droit de plainte et de poursuite, non pas seulement à l'individu diffamé, mais à tous ceux qui se prétendent lésés par une diffamation, il s'en suit que la condition de la loi est accomplie lorsqu'une lésion est alléguée, à plus forte raison lorsque cette lésion est établie.

Un fils, une fille, un frère sont-ils *lésés* par la diffamation dirigée contre leur père ou leur frère mort ?

Nous ne ferons pas à nos lecteurs l'injure de discuter une pareille question.

Nous avons discuté la question de l'application juridique de l'art. 13 de la loi du 17 mai 1819 et de l'art. 5 de celle du 26 mai 1819. Nous nous garderons bien d'aborder les hautes et puissantes considérations développées, en 1860, devant la Cour de cassation, par M. le conseiller Plougoulm et M. le procureur général Dupin. Lorsque de tels maîtres ont enseigné la raison d'être de la loi, il ne faut pas défigurer leur œuvre par de maladroites retouches.

FIN.

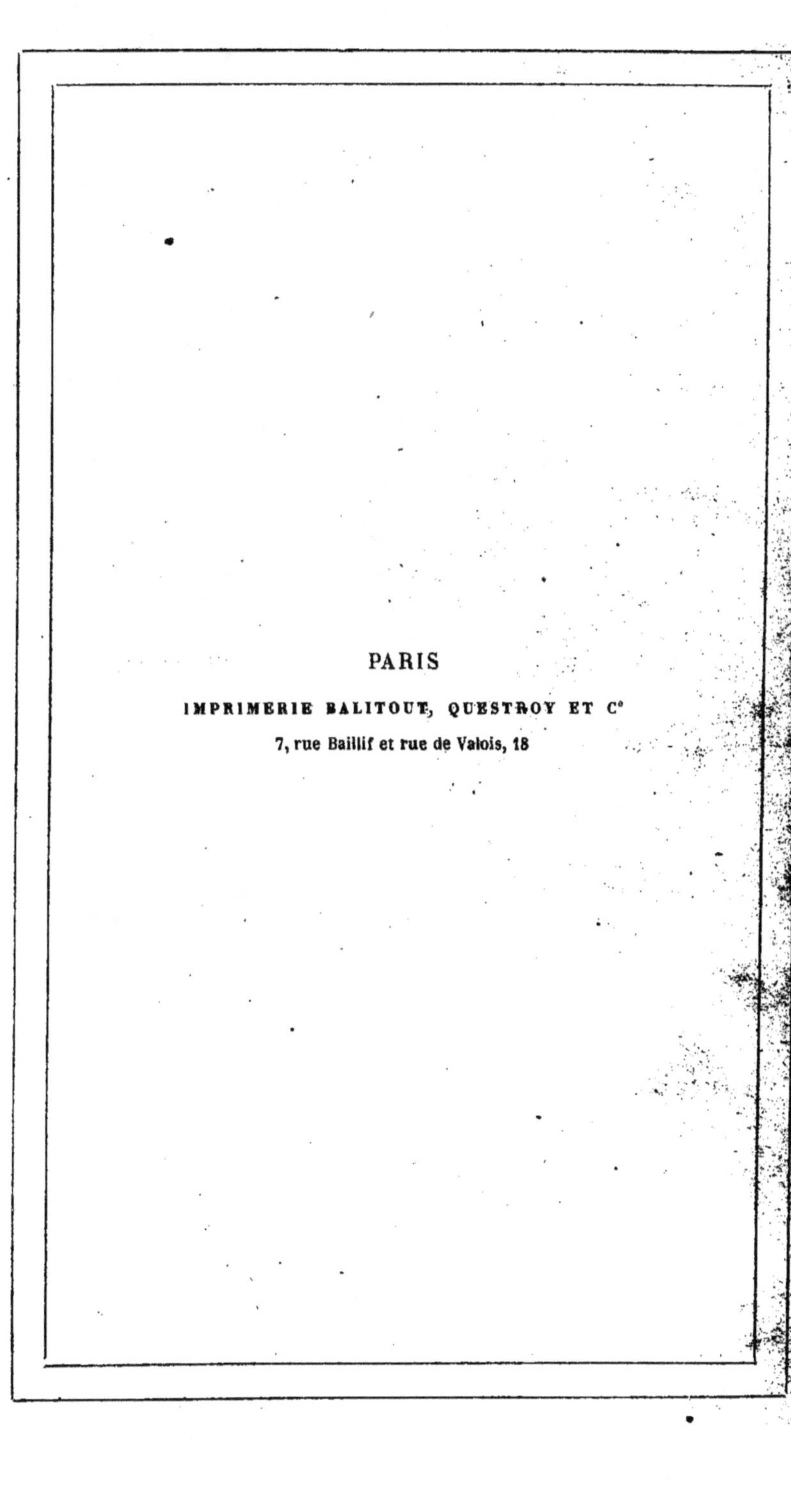


# PARIS

## IMPRIMERIE BALITOUT, QUESTROY ET C°

7, rue Baillif et rue de Valois, 18